D

DOMINANDO YOUTUBE ADS

BY LOS GENIOS DE INTERNET

JUSTO SERRANO & CÉSAR MIRÓ

¡¡Importante!!

No tienes los derechos de Reproducción o Reventa de este Producto.

Este Ebook tiene © Todos los Derechos Reservados.

Antes de venderlo, publicarlo en parte o en su totalidad, modificarlo o distribuirlo de cualquier forma, te recomiendo que consultes al autor/los autores, es la manera más sencilla de evitarte sorpresas desagradables que a nadie gustan.

Los autores no pueden garantizarte que los resultados obtenidos por ellos mismos al aplicar las técnicas aquí descritas, vayan a ser los tuyos.

Básicamente por dos motivos:

Sólo tú sabes qué porcentaje de implicación aplicarás para implementar lo aprendido (a más implementación, más resultados).

Aunque aplicaras en la misma medida que ellos, tampoco es garantía de obtención de las mismas ganancias, ya que incluso podrías obtener más, dependiendo de tus habilidades para desarrollar nuevas técnicas a partir de las aquí descritas.

Aunque todas las precauciones se han tomado para verificar la exactitud de la información contenida en el presente documento, los autores y el editor no asumen ninguna responsabilidad por cualquier error u omisión.

No se asume responsabilidad por daños que puedan resultar del uso de la información que contiene.

Así pues, buen trabajo y mejores Éxitos.

Título: DOMINANDO YOUTUBE ADS

© 2017, Los Genios De Internet

© De los Textos: Los Genios De Internet

Ilustración Portada: Los Genios De Internet

Revisión de Estilo: www.losgeniosdeinternet.com

1ª edición

Contenido

Capítulo 1

Introducción a La Publicidad En YouTube

Capítulo 1: Introducción a La Publicidad En YouTube

YouTube es una de las plataformas más infrautilizadas por muchos vendedores digitales. A pesar de muchas estadísticas que muestran claramente la rentabilidad de la comercialización de vídeo, incluso muchos de los vendedores digitales preeminentes de la web son tímidos a participar.

¿Por qué es esto? Sencillo: muchos vendedores que trabajan desde su casa carecen de los recursos, el conocimiento o la confianza para involucrarse con la comercialización de vídeo.

¿Pero sabes que? Eso es exactamente lo qué necesita para involucrarse y por qué es necesario aprender a utilizar esta herramienta crítica.

Dejando las estadísticas a un lado por un momento, la comercialización de vídeo es increíblemente valiosa, simplemente porque le permite cambiar la forma en que los demás perciben su negocio. Cuando se crea un gran video con altos valores de producción, hace que su organización parezca mucho más profesional, estable y con recursos. En lugar de mirar como si estuviera "Alguien" escribiendo artículos desde el sótano de su mamá, ahora va a ver como es un negocio real, completo, con altos valores de producción y un brillo profesional que inspira confianza y la confianza en su marca.

Al mismo tiempo, la comercialización en vídeo también tiene algunas otras ventajas. Por ejemplo: esto es muy atractivo, más allá de lo que puede lograr con un anuncio escrito o incluso con una entrada en el blog. Piense acerca de la frecuencia con que se ha sentado toda la noche viendo programas o series de televisión que no eran realmente interesantes, esto es simplemente porque era demasiado difícil de apagar y encender su atención lejos de ellos.

Los videos combinan sonido, música, imágenes y edición inteligente y nos dejan hablar directamente al público. Si usted es un vendedor digital con una marca personal y que está tratando de ganarse la confianza y la familiaridad con su audiencia, a continuación, comercialice en vídeo y déjeles "conocerle" de esa manera es muy valioso. Del mismo modo, sin embargo, si eres una gran corporación que desea mostrar sus productos, a continuación, ser capaz de ponerlos en la pantalla y mostrarles como se utilizan, será mucho más fácil para su audiencia a entender sus productos y ver el atractivo y el valor propuesto con ellos.

Piense en lo que sería más probable que compren: algo que vieron describir en un trozo de texto, o algo que se pueda ver en la TV, en el Pc o en un movil, bien grabado y con dinámica, favoreciendo la iluminación. Agregue una gran música para subrayar el valor del artículo y un gran, guión de ventas persuasivo y usted puede hacer que cualquier producto pueda parecer muy deseable.

La Publicidad en YouTube

Y una de las formas más eficaces de la comercialización de vídeo a disposición de cualquier vendedor en Internet es la publicidad de YouTube. YouTube es una plataforma masiva y proporciona un alcance increíble a una amplia gama de diferentes usuarios en todo el mundo. El único inconveniente es que también es muy difícil darse a conocer a través de YouTube. Al igual que con la ejecución de un blog, crear un canal de YouTube significa competir con millones de otros creadores de contenido y la saturación en casi todos los nichos imaginables.

Aquí es donde entra la publicidad de YouTube ADS. El uso de una campaña de publicidad de YouTube, puede asegurarle de que millones de personas vean sus vídeos de forma instantánea. Esto se puede utilizar para vender directamente el producto, para dirigir el tráfico a su sitio web, o incluso dirigir el tráfico a un canal de YouTube.

En otras palabras, la publicidad de YouTube le permite rápidamente 'saltar' el duro trabajo que normalmente se asocia con la construcción de su canal y en lugar de eso ir directamente a la parte en que comience a recibir gran exposición y comience la construcción de su marca.

Algunas Estadísticas

Algunas Estadísticas

En caso de que aún no esté convencido de que YouTube es la plataforma para usted, le puede ayudar a ver algunas de las estadísticas increíbles que rodean el sitio de intercambio de videos.

Por ejemplo, ¿sabía usted que YouTube tiene más de mil millones de usuarios? Eso hace que sea absolutamente masivo y para ponerlo en perspectiva, es casi un tercio de todo el mundo en internet.

Cada día, los usuarios de Youtube miran cientos de millones de horas de vídeo en el canal y en el móvil, YouTube llega más a gente de 18-34 años y de 18-49 años de edad que cualquier red de cable en los EE.UU..

Así, en otras palabras, si usted pensaba en gastar dinero en una campaña de publicidad en vídeo, su dinero en realidad sería mucho mejor gastarlo en publicidad de YouTube. Esto es especialmente cierto también teniendo en cuenta que la publicidad de YouTube es mucho más asequible.

¿Piensa que estas cifras son impresionantes? A continuación, usted estará aún más impresionado al saber que la base de usuarios sigue creciendo exponencialmente. De hecho, crece en más de tres veces al año anterior. Esto significa que es probable que haya tres veces más usuarios a finales del próximo año. Entre marzo de 2014 y enero de 2016, el número de usuarios en YouTube aumentó en un sorprendente 40%.

Estos usuarios también se extienden por todo el mundo, esto es mucho más grande si usted tiene un producto internacional. El 80% de los espectadores de YouTube proviene de fuera de los EE.UU, de hecho, y el canal está disponible en más de 76 idiomas diferentes.

Más de la mitad de las visualizaciones de YouTube son de los dispositivos móviles, pero también vale la pena teniendo en cuenta lo popular que es YouTube verlo también a través de una amplia gama de otros dispositivos. YouTube se puede disfrutar en los televisores e incluso en las consolas de juegos, para que esté disponible incluso en los hogares sin ordenadores o teléfonos inteligentes.

La gente no sólo tiende a utilizar YouTube para el entretenimiento, ellos también lo utilizan para buscar información y obtener respuestas a las preguntas. YouTube se utiliza comúnmente como Google como motor de búsqueda y de hecho es el segundo mayor motor de búsqueda después de Google en términos del número de búsquedas.

Por todas estas razones, YouTube realmente controla el flujo del 17% de todo el tráfico de Internet.

Publicidad

Los publicistas y creadores se benefician enormemente de todo este éxito. Los ingresos de socios ha ido en aumento por año, un 50% en el año y los canales que ganan seis cifras en un año de YouTube también han aumentado en la misma proporción.

La adopción de la publicidad de YouTube está creciendo demasiado. El número de anunciantes que utilizan YouTube ha aumentado en un 40% cada año y el gasto medio de los 100 principales anunciantes ha aumentado en un 60%.

¿Qué nos dice esto? Bueno, por ahora, se nos dice que la publicidad de YouTube aún no está sobresaturada.

Todavía hay espacio aquí y especialmente para los comerciantes de Internet. Si usted utiliza el marketing de YouTube para mostrar videos de su nuevo libro electrónico o tu blog de auto-desarrollo, entonces usted va a ser uno de los pocos vendedores que utilizan actualmente esa manera. Esto a su vez significa que se puede destacar y llamar la atención y se puede obtener muy buenos precios y un excelente ROI (retorno de la inversión) para su campaña.

Del mismo modo, sin embargo, también muestra que las empresas que ya utilizan la publicidad de YouTube se están beneficiando de ella y están reinvirtiendo tanto o más dinero en ella. ¿Sabía que cada una de las 100 mejores marcas globales han dirigido anuncios de YouTube ADS en el último año?

Este es el momento perfecto para establecer una cuenta y empezar a llegar a más público.

Lo Que Aprenderá En Este Libro

Así que sin lugar a dudas, la publicidad de YouTube ADS es una de las mejores maneras de interactuar con su público, para dirigir el tráfico, para generar ganancias y hacer crecer su marca.

Pero aún puede estar sintiendo aprensión. Tal vez usted no está seguro de si usted tiene lo que se necesita para crear vídeos de una calidad profesional, o tal vez usted no sabe nada sobre el uso de la plataforma.

Tal vez usted está preocupado por la cantidad de dinero que tendra que gastar.

Aquí es donde este libro será muy útil y le mostrará los secretos y todo lo necesario para aprender con el fin de empezar a hacer la mayor parte de la publicidad de YouTube ADS. A lo largo de este libro, usted aprenderá cómo crear impresionantes videos que tendran una calidad profesional sin gastar una enorme cantidad de dinero.

Al mismo tiempo, usted aprenderá los textos más importantes y cómo obtener la máxima exposición con gasto mínimo. Va a aprender los entresijos de las diferentes opciones disponibles para la creación de anuncios de YouTube ADS y podrás aprender a integrar su campaña de publicidad con un gran canal de YouTube para la exposición máxima.

Capítulo 2

Introducción a La Publicidad En YouTube

Capítulo 2: Introducción a La Publicidad En YouTube

Aunque el número de comerciantes de Internet utilizando actualmente YouTube ADS es todavía bastante poco, existen sin embargo algunos grandes ejemplos de personas que están haciendo un montón de dinero con ello. Un ejemplo es el muy "visible" Mike Chang, de SixPackShortcuts.

Utiliza una tonelada de publicidad para conducir a los visitantes a su canal y a sus productos de información. En uno de sus más recientes vídeos aparecio atiborrándose de comida tanto como pudo para demostrar cómo con sus métodos de entrenamiento no es necesario pasar hambre.

El video es en realidad muy desagradable de ver y es ciertamente bastante controvertido.

Sin embargo ambas cosas funcionan a favor de Mike, estas dos cosas significa que las personas son más propensas a ver y hacer click a través de viendo de lo que trata el canal. Recuerde: estos videos se mostrarán normalmente justo antes de los videos de fitness y culturismo que el usuario ha hecho click para verlos y esto es una gran manera para que puedan captar la atención.

En algunos de sus otros anuncios de YouTube, Mike hablará de técnicas libres que se pueden utilizar para perder peso o ganar músculo. Para ver la técnica libre, es necesario hacer click en el anuncio para que le diriga a otro vídeo. Esto lleva a la gente a la marca SixPackShortcut y es lo que se conoce como un "embudo de ventas". Poco a poco, los espectadores se involucran cada vez más con la marca hasta que finalmente están dispuestos a pagar por el producto.

Otro ejemplo es Tai López. Si usted pasa mucho tiempo en YouTube, usted sin ninguna duda, debe haberlo visto hablando de cómo obtuvo su Lamborghini en su garaje. Una vez más, el video es bastante ostentoso y controversial y algunas personas se enfadan por ello. De cualquier manera, sin embargo, los espectadores terminan viendolo y esta técnica ha permitido a Tai hacer crecer muy rápidamente su canal a más de 925.000 espectadores.

La realidad es dudosa, incluso no se sabe si el Lamborghini es su...

No es necesario mentir, crear controversia o engaños para hacer miles de suscriptores a un canal.

Igualmente exitoso es el canal de deporte 'Athlean-X', que promueve "la formación como un atleta". En la campaña de publicidad para este canal, su dueño Jeff Cavaliere en realidad desafía activamente los métodos de los anunciantes como Mike Chang y se posiciona como la alternativa más normal y científica.

Las técnicas que aprenderá aquí en este libro le permitirán emular el éxito que estos creadores de contenido han tenido e incluso superarlos con sus propios productos y canales.

Configuración de su cuenta

Configuración De Cuenta

Paso 1: Creación De Su Cuenta De YouTube

Para comenzar con su publicidad, primero tiene que crear su cuenta.

En estos días, YouTube se integra muy de cerca con Google y con Google+. Eso significa que la forma más fácil de acceder, es sólo iniciar sesión con su cuenta de Google estándar. A partir de aquí, a continuación, tendrá la opción de crear una cuenta específica de YouTube.

Para crear su canal, diríjase a 'All My Channels y luego hacer click en el cuadro de diálogo que dice "crear un nuevo canal'. Hasta ahora, se explica por sí mismo!

Una vez que haya creado sus canales coincidentemente, podrá encontrarlos todos situados aquí. Al mismo tiempo, también será capaz de ver sus cuentas de Google+ debajo. Si desea crear un nuevo canal para la página de Google+, a continuación, puede hacerlo pulsando sobre ellas.

Esto significa que si usted tiene un negocio en Google Plus, puede crear fácilmente un canal para otro negocio y tener sus cuentas vinculadas. De cualquier manera, es necesario estar en Google Plus con el fin de utilizar YouTube y con el fin de ser capaz de añadir comentarios, etc.

Al hacer click para crear su canal, va a utilizar ya sea el nombre asociado a su cuenta de Google +, o crear un nuevo nombre que sea relevante para su marca y sea fácil para sus visitantes para encontrar y entender. Usted puede optar por crear múltiples canales, uno para su marca y uno por sí mismo como un usuario personal. Alternativamente, usted puede optar por crear múltiples canales para cada uno de sus productos. Por ejemplo, es posible que desee crear un canal para su marca y otro para su aplicación, por ejemplo, Microsoft tiene una cuenta de Microsoft, así como una cuenta de Surface y una cuenta de Windows, etc.

Echar un vistazo en los términos y condiciones y una vez que esté satisfecho con el nombre del canal puede hacer click en "hecho" para seguir adelante y publicar el canal.

Paso 2: Creación de Canales

Una vez que haya creado su canal, el siguiente paso es crear un poco de contenido para él y añadir un poco de información.

En caso de que se pregunte, el canal de YouTube y su campaña de publicidad van a estar íntimamente ligados, de modo que cuando los usuarios hacen click en sus anuncios, muy a menudo pueden "Suscribirse" a su canal. Esto significa que debe asegurarse de que su canal esté listo para recibir a los visitantes antes de empezar a crear sus anuncios.

Cuando la gente visita su canal, verán una serie de diferente información y características que le dirán acerca de su marca. Una de las cosas más importantes en este caso, por ejemplo, es la descripción que se limitará a explicar de qué trata su canal y por qué la gente debe quedarse. Esto también es importante para el SEO o "Search Engine Optimization".

En otras palabras, el texto que se incluye en esta descripción será por lo menos o en parte, responsable de ayudar a lograr una mayor visibilidad en las búsquedas tanto en Google y YouTube a través de sí mismo.

Asegúrese entonces de pensar en cuáles son las palabras clave más relevantes para su tema y lo que pueden incitar y animar a más gente a encontrar su canal.

Del mismo modo, también se puede vincular su canal a sus medios de comunicación social y su sitio web, y se pueden presentar algunos otros canales que le gusten. Todo esto va a ayudar a su marca para crecer. Mediante la vinculación de su sitio web, por ejemplo, podrás conducir el tráfico de esa manera y por lo tanto aumentar el número de personas que interactuan con su marca.

Mientras tanto, con enlaces a su sitio web y confirmándolo como suyo también le permitirá insertar un enlace de productos, etc directamente de vídeos. Como veremos más adelante, esta es una característica bastante útil para cualquier profesional de marketing!

Al mismo tiempo, la vinculación a sus medios de comunicación social le ayudará a atraer más tráfico y todavía hará que sea más fácil para usted construir una marca consistente a través de múltiples plataformas. Uno de los adagios que más comúnmente se escuchan con respecto a la comercialización de Internet y marketing en medios sociales es "estar en todas partes".

Asegúrese de que está en el mayor número de lugares como sea posible mediante la creación de una marca consistente en todas las plataformas que se pueden encontrar en línea.

Esta marca se debe extender así: su imagen de portada y su imagen de perfil. La imagen de perfil aquí va a ser la misma que para la cuenta de Google+, así que asegúrese de que esto es algo que refleje con precisión su marca, su nicho de mercado y que se vea la parte de tu canal. La imagen de portada por su parte puede ser cualquier cosa que elija, pero una buena opción es poner un logotipo de tipo frontal y asegurarse de que este logo es el mismo en todos sus canales (medios sociales, etc.).

A medida que crea más contenido para su canal, encontrará que también es capaz de añadir listas de reproducción de sus vídeos, lo que hará que sea más fácil para los visitantes para encontrar el tipo de información que están buscando. Otra característica útil, es la capacidad de crear un video que promoverá su canal y va a ser reproducido cada vez que alguien visita el canal. Aquí puede crear un montaje de sus mejores contenidos o simplemente hablar con sus visitantes y explicar lo que pueden aprender visitando su canal y por qué deben seguir viniendo.

Hasta que haga esto, sin embargo, los visitantes simplemente veran una lista de los videos agregados recientemente.

Dependiendo de la estrategia que tenga intención de emplear con su publicidad de YouTube, también tendrá que crear algún contenido y empezar a subir vídeos. Los anuncios que cree es probable que van a atraer a los visitantes a su canal y lo que quieren tener es gran parte del contenido allí esperando para cuando ellos llegan.

Vamos a entrar en profundidad sobre cómo crear vídeos de alta calidad con un presupuesto reducido más adelante en este libro. Por ahora, todo lo que necesita saber es que los vídeos deben ser de alta calidad y que necesita proporcionar valor. No se preocupe por tratar de vender o de obtener beneficios económicos por el momento, lo que es más importante es que se construya una reputación y se gane la confianza de sus visitantes. La mejor manera de hacerlo es llenar su canal de videos de interés y con un contenido único que la gente quiera ver y que les anime a suscribirse a su canal. Cuanto mayor calidad y más valor sea el que usted proporcione, más gente va a estar interesada en comprarle a usted cuando finalmente llegue a vender algo.

Paso 3: Asociación de la cuenta de AdWords

Lo siguiente que debe vincular será su cuenta de AdWords a su cuenta de YouTube. Este es el paso crucial para la publicidad de YouTube y en concreto hasta que no se hace esto, su publicidad y su canal de YouTube serán entidades separadas una de la otra. Una vez que enlace los dos, usted no sólo será capaz de tomar parte en la publicidad de YouTube sino que también tienen la opción de ver más estadísticas de su vídeo, como el dinero ganado con sus videos. Usted será capaz de controlar las características como las superposiciones de CTA (más sobre esto más adelante) y remarketing.

Con el fin de vincular estas dos cuentas, tiene que dirigirse a su canal de YouTube y haga click arriba a la derecha en la foto de su canal, allí le aparecerá una pestaña llamada "Creator Studio", dele click y le llevara a una pagina donde gestionara todo su canal, allí en el menú de la izquierda haga click en la pestaña "Canal". Ahora en el submenú, en la sexta opción "Opciones Avanzadas" y desde aquí debe ser capaz de encontrar una pestaña que dice "Vincular una cuenta de AdWords". Y al hacer click, se le guiara a través del proceso de vincular su cuenta de AdWords.

Por supuesto, antes de hacer esto, tendrá que inscribirse a AdWords y crear una cuenta. También puede vincular alternativamente su canal de YouTube desde AdWords. Para hacer esto, tiene que iniciar sesión en su cuenta de AdWords y luego encontrar el icono de la rueda dentada para los ajustes. Aquí, usted encontrará una opción que dice "Cuentas vinculadas" y allí, podrás encontrar 'vincular un canal de YouTube'. Haga clic en el canal que desea establecer el vínculo y luego buscar el vídeo que desea establecer el vínculo, para empezar.

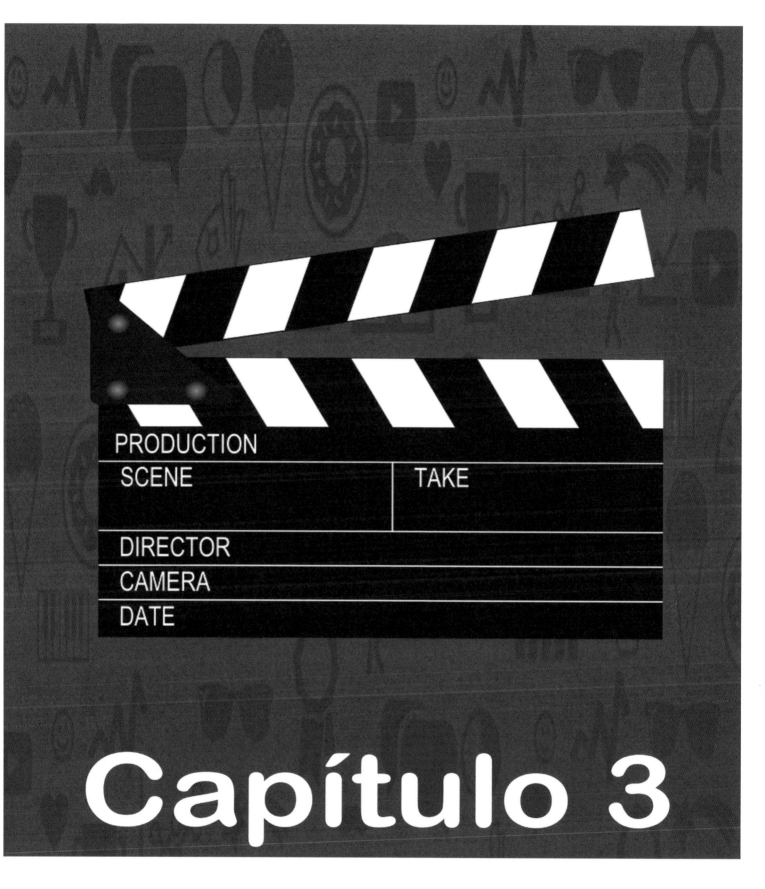

Capítulo 3

Creación de la primera campaña de vídeo

Capítulo 3: Creación de la primera campaña de vídeo

Bien, ahora que ha hecho todo eso, ya está listo para empezar a crear su primera campaña y comenzar a promover un video de su elección.

Lea las siguientes medidas con el fin de aprender lo fácil que es empezar la promoción de su marca con la publicidad de YouTube pero no haga nada de eso por el momento. Vamos a tomar este proceso como una curva de aprendizaje para el presente y para que pueda entender cómo empezar. Usted querrá leer el resto del libro antes de llegar a trabajar, sin embargo con el fin de asegurarse de que su anuncio de vídeo va a ser lo más eficaz posible y para asegurarse de que comprende su funcionamiento preciso de cómo se trabajan los anuncios.

Así que con todo esto vinculado, tendrá que llegar a una 'estrategia de oferta'. La mayoría de las campañas de AdWords utilizan un proceso de 'coste por clic' CPC o lo que significa que sólo se paga una vez que se ha hecho click en el anuncio. Con YouTube, sin embargo, tendrá que usar otra cosa llamada 'CPV'. Esto es "coste por visión" y, a su vez significa que sólo se paga una vez que se visualiza todo el vídeo.

Ya hablaremos de esto más en otro momento, pero por ahora, todo lo que necesita saber es que la cantidad por la que haga una oferta, es la cantidad que tendrá que pagar para cada vista. Su oferta es su CPV, por lo que debe estar ligada estrechamente a su presupuesto.

Así que ¿por qué no ofrecer el CPV muy bajo posible y de esa manera conseguir los anuncios a un precio muy bajo? Simple: porque hay demasiadas personas tratando de hacer exactamente lo mismo y la cantidad que pague tendrá un impacto directo sobre el grado de visibilidad del video.

Esto se llama "hacer una oferta", porque eso es exactamente cómo funciona. Deberá seleccionar el tipo de contenido que desea que aparezcan en los vídeos y una vez que lo haces, podrás poner una oferta a pagar por cada visionado, y unirla a la de otros anunciantes en su nicho de mercado. YouTube decidirá qué anuncio va y donde, en base a la oferta que le está pagando más.

Así que esto significa que usted puede pagar muy poco y obtener que sus anuncios se muestren barato pero no muy a menudo, o se puede pagar más y tener sus anuncios vistos con mucha más frecuencia por una audiencia más grande. Por supuesto, la cantidad que está en condiciones de pagar es probable que sea dictada de cerca por la cantidad que usted está ganando de cada video y la eficacia de su campaña de ventas, el tráfico que lleve y ganancias.

Otra cosa a reconocer sobre el proceso de licitación es que no siempre va a pagar la cantidad máxima que está dispuesto a pagar. Al igual que con una oferta en eBay o en una subasta, que sólo está obligado a vencer a la siguiente oferta más alta. Esto significa que usted puede configurar su CPV en $ 0.25, pero si la siguiente oferta más alta es de $ 0,10; solo tendrá que pagar $ 0,11.

También será capaz de establecer un límite de presupuesto. Esto es especialmente útil si usted tiene un presupuesto limitado, ya que garantiza que no va a gastar más de lo que puede pagar. También significa que esté con límite máximo a una cierta cantidad, por lo que si su gasto diario es de $ 10 y CPV es $ 0,50, entonces hay una posibilidad de que sólo obtendrá 20 visionados antes de su presupuesto se gaste.

Desafortunadamente, no hay una regla de oro o número ideal para hacer referencia a la hora de elegir su inversión publicitaria y si gasta mucho con pocos resultados tendrá que bajar sus metas y objetivos, así como su presupuesto y flujo de caja.

Se puede establecer, por supuesto, diferentes cantidades de licitación para diferentes campañas sin embargo y esto significa que se puede comparar cómo dos campañas diferentes están realizandose y probar diferentes estrategias para cada una.

Lo que también hay que hacer es hacer un seguimiento general, el descmpeño de cada una de sus campañas, y de ver cuánto están ganando y cuánto está pagando realmente por cada click. A continuación, puede ajustar las variables con el fin de asegurarse de que ha optimizado su estrategia.

Todo esto significa que hay que pensar cuidadosamente acerca de cómo sacar el máximo provecho de su campaña y para sacar el máximo partido a su dinero. Otro factor importante a tal fin es su orientación.

La focalización se refiere a la forma en que sus anuncios se dirigen a un grupo muy específico. La mayoría de las campañas de publicidad tendrán un público objetivo concreto en mente y su trabajo es asegurarse de que usted este pagando solamente por aquellas personas específicas para ver sus anuncios.

.

Orientación

Si usted es un desarrollador de videojuegos y el producto digital que está vendiendo es un juego de plataformas de acción, entonces, por supuesto, usted probablemente no va a querer que sus anuncios se muestren a los videos dirigidos a peluqueria y maquillaje. Si bien puede haber cierto solapamiento, estos dos intereses son muy diferentes y, en general apelan a diferentes grupos demográficos. Si usted paga por que su anuncio aparezca en frente de un tutorial de maquillaje, entonces es probable que usted estará malgastando su dinero.

Así que, si desea que aparezca el vídeo sólo en el contenido relevante y en este caso eso significa que quiere que aparezca en videos como 'top 10 juegos', "vamos a jugar videojuegos" o en "críticas de videojuegos". Alguien viendo una revisión de uno de los videojuegos es mucho más probable que haga click en su anuncio y compre su juego.

Por otro lado, si usted está vendiendo un libro electrónico de una manera de hacer su maquillaje perfectamente, a continuación, deseara que sus vídeos aparezcan antes de tutoriales de maquillaje y no antes de jugar a videojuegos.

La focalización ayuda a llegar a su público objetivo específico y, a su vez, esto le ayuda a hacer más conversiones y obtener un mejor retorno de la inversión. Pero hay más que eso también; La orientación también le ayuda a evitar hacer frente a tanta competencia y esto a su vez ayuda a ganar más ofertas con un gasto menor.

Pongámoslo de esta manera: si el vídeo está apuntando a un nicho masivo como el culturismo, entonces podrás ir en contra de Mike Chang y Jeff Cavaliere, así como un sin número de otras marcas masivas. Esto significa que necesita establecer un nivel muy alto de CPV y su presupuesto probablemente se agotará rápidamente.

Pero si el anuncio de vídeo está apuntando a algún nicho mucho más específico, digamos "empresas de camiones de comida", entonces se puede establecer un presupuesto mucho menor y establecer su CPV mucho menor y aún así obtener visionados por mucha gente. Lo que es más, es que esta audiencia más pequeña es mucho más probable que estén interesados en su producto y así convertir en clientes de pago.

Para configurar temas, sólo tiene que elegir entre un par de miles de temas diferentes. Esto es un poco limitado en comparación con lo normal de AdWords que le permite elegir cualquier frase clave que desee, en cierto modo, también le da un control más preciso y ahorra tiempo.

Algunas de estas categorías van a ser muy amplias. Estas incluyen los gustos de "Belleza" o "cuidado de la cara y del cuerpo". Éstos le dan la mayoría de los visionados, pero cuestan más. Pero si se profundiza un poco más en las subcategorías entonces se puede obtener más nichos eligiendo cosas como la cara y el cuidado del cuerpo, o de Artículos de higiene.

Otra cosa que pensar a la hora de elegir su nicho de mercado, es el tipo de contenido que es más abundante y de mayor éxito en YouTube. Algunos de los temas de vídeo como "tutoriales de maquillaje" y "jugar videojuegos" surgen una y otra vez, lo que significa que hay más vídeos para que usted se presente en esos videos y es probable que sean más altos sus visionados. Por otro lado, si usted elige algo que se presta menos a los vídeos, como la programación, entonces usted estará apareciendo en menos vídeos.

Elegir su anuncio

La elección de su anuncio

Una vez hecho todo esto, usted entonces tiene la opción de elegir su anuncio y configurarlo. La primera cosa que hay que tener en cuenta aquí, es el tipo de anuncio que va a utilizar. De hecho, hay varias opciones a este respecto y algunos incluso le permiten ganar dinero sin crear un anuncio clasificado en absoluto.

Si desea utilizar los anuncios de texto tradicionales, entonces puede crear los que aparecen en la parte superior de los videos, y a jugar. Estos son muy similares a los anuncios de AdSense (los anuncios que aparecen en las páginas web), pero son largos y horizontales. Estos sólo aparecen en Youtube de escritorio, lo que significa que no será visible para el + del 50% de los usuarios que lo ven en el móvil (una vez más, los usuarios de escritorio pueden ser más propensos a convertir para su tipo específico de contenido).

Los anuncios de superposición son una forma útil para sobresalir del resto y llegar a un público objetivo específico sin competir por el espacio abarrotado de resultados de los buscadores páginas de Google (SERPs). Dicho esto, sin embargo, también no hacen la función de la misma manera como verdaderos anuncios de vídeo y no tienen la misma cantidad de visionados.

También hay anuncios llamados "anuncios de display", que no se muestran sobre el vídeo, pero si al lado de él. Estos aparecerán justo al lado del reproductor de video.

El tipo más común de publicidad, aunque es el "anuncio de vídeo" y que es en el cual este libro se centra principalmente. Hay muchos tipos diferentes de anuncio de vídeo y éstos se cargan de manera diferente, pero esto lo veremos con más detalle más adelante.

Por ahora, nos centraremos en la forma de seleccionar el anuncio y crearlo. Para hacer esto, usted básicamente va a subir un video a su canal de YouTube (se puede poner oculto o privado para que sus abonados no se les muestre) y luego va a seleccionarlo como el vídeo que va a incluir en esa campaña.

Esto significa que en realidad se puede utilizar cualquier vídeo de su canal como un anuncio. ¡Si usted quiere, puede tener un video jugando a un videojuego como su anuncio! Por supuesto, esto no va a conducir a muchos clientes a ver sus productos o servicios y es probable que sea un desperdicio de dinero. Así que en vez de eso, es mejor crear un video único que exista con el único propósito de ser un anuncio y que genere ingresos.

También tendrá que seleccionar el tipo de anuncio de vídeo, que a su vez determinará el comportamiento del vídeo, puede aprender más sobre esto en el siguiente capítulo.

Configuración de un destino

Si alguien hace click en su anuncio, o si hacen click en la imagen de marca que aparece alrededor de ella, luego va a ser llevado a un destino específico que debe fomentar las ventas y el compromiso con su marca. Es usted el que tiene que elegir que este destino es, o puede ser el canal de YouTube en sí, o puede ser otro de sus videos. En otros casos, puede vincular con una llamada a la acción, lo que significa que puede enviar directamente a una página de destino o en el sitio donde pueden comprar su producto.

Todo depende de cómo desea configurar esto. Si su objetivo es aumentar la participación y llegar a más espectadores y seguidores para la obtención de ingresos a largo plazo, entonces la vinculación con ellos tiene que ser directamente a su canal, esto les dará la oportunidad de ver más de su contenido y llegar a ser de los fans / abonados que serán más propensos a comprarle a usted en el futuro. Esto es ventajoso, ya que puede ser un poco difícil convencer a la gente a comprar en frío sus productos si nunca han oído hablar de su marca antes.

Por otro lado, sin embargo, si usted está anunciando una aspiradora entonces usted puede ser capaz de decir todo lo que tiene que decir en el video. En ese caso, enviar a alguien directamente a su tienda en línea donde pueden hacer click en "comprar" podría ser la mejor estrategia.

Tenga en cuenta que también se paga por un click si alguien no ve el vídeo hasta el final, pero hace click en el anuncio, entonces usted todavía va a pagar por ello al precio que usted haga la oferta.

Capítulo 4

¿Cómo funcionan los anuncios de vídeo?

Capítulo 4: ¿Cómo funcionan los anuncios de vídeo

Los anuncios de vídeo son anuncios que son vídeos en sí mismos y esto significa que se pueden integrar más fácilmente en la forma que YouTube opera. Estos son los principales tipos de anuncios en YouTube y los que nos centraremos.

Sin embargo, en realidad hay varios tipos diferentes de anuncios de vídeo de YouTube.

YouTube llama a esto "TrueView" y tiene como objetivo dar a ambos, al usuario y al anunciante más control sobre sus campañas como resultado.

Elegir este sabiamente, segun el tipo de anuncio de vídeo que elija también va a tener un impacto sobre las opciones disponibles para usted en términos de sus destinos y el costo.

Anuncios In-Stream

Un anuncio In-Stream por ejemplo, es un video que aparecerá antes del inicio del vídeo de destino. Estos anuncios pre-roll son como los anuncios que se puede ver en un cine antes de que la pelicula principal, pero hay una diferencia clave que beneficia tanto a los anunciantes y los usuarios, que es que los videos se pueden omitir.

Como anunciante, usted puede elegir hacer el vídeo que se puede omitir después de los primeros 5 segundos del vídeo. Si el usuario hace click en saltar, entonces usted no paga por la vista y el espectador no se somete a un mensaje que no esta relacionado con ellos. Esto hace que su contenido sea mucho más específico, porque la gente no quiere ver un video antes de ver el video que de verdad quiere ver en Yotube si no están en absoluto interesados en el tema y por lo tanto usted se va a evitar el pago de esas visualizaciones.

Si es inteligente, sin embargo, es posible que ahora este pensando que tal vez hay una forma para que usted evite pagar alguna vez al hacer su vídeo de 100 minutos de duración, para que nadie lo observe hasta el final. ¡Buen intento! Pero, en realidad, siempre y cuando los espectadores se quedan por 30 segundos, usted tendrá que pagar por una visualizacion.

Anuncios en lista

Un anuncio en lista de opciones es sólo un poco diferente a un anuncio in-stream. El factor diferenciador clave aquí es que el anuncio se intercala a lo largo del vídeo que los usuarios están viendo. Esto significa que el vídeo aparecerá en puntos preestablecidos durante el video que el creador ha elegido. Esto permite al creador crear "pausas publicitarias" en su contenido y también significa que el vídeo va a aparecer en el contenido ya no en los primeros 30 segundos antes del video.

Dentro de los anuncios de búsqueda

En resultados de búsqueda por su parte son los anuncios que aparecen en los resultados de búsqueda por encima de los "resultados orgánicos". Estos anuncios tienen normalmente una etiqueta amarilla "Ad" junto a ellos también, pero que de otro modo se ven como uno de los videos en el canal con una pequeña miniatura.

En resultados de búsqueda se comportan un poco diferente a los otros videos en YouTube y de otros anuncios. Esto se debe por que al hacer click en uno de ellos en realidad llevan al usuario a su canal de YouTube, donde el video se reproducirá automáticamente. Después no se puede vincular esto a su página de destino por desgracia, por lo que es menos adecuado para la realización de ventas directas, pero mucho más adecuado para la creación de un gran número de suscriptores y ayudar a construir la confianza y la autoridad con su marca. Esta es su oportunidad para demostrar el tipo de valor y la información que usted es capaz de entregar y mostrar en todos los otros videos que tiene en su canal.

Puede configurar alternativamente estos videos para mostrar vídeos simplemente como regulares, en cuyo caso el visitante lo acaba de ver como lo haría con cualquier otro vídeo. Van a ser capaces de ver más vídeos de usted y el nombre del canal (junto a la etiqueta "Ad") en la parte superior derecha de la pantalla.

Más

Al crear anuncios de vídeo en resultados de búsqueda, hay algunas cosas más a tener en cuenta también. Por un lado, el anuncio también puede aparecer en la barra lateral de vídeos como "videos sugeridos". Cuando alguien hace click en su anuncio aquí, será igual que lo haría con cualquier otro vídeo y esta es otra oportunidad para que usted pueda obtener una mayor exposición.

Del mismo modo, los vídeos también pueden aparecer en la parte superior de las páginas de inicio de vídeo. Así que si un usuario entra y ve sus videos recomendados, su anuncio puede aparecer por encima de una manera similar a un anuncio en la búsqueda y que podría entonces optar por visitar.

Otra opción a considerar es que se puede agregar títulos y anotaciones a los vídeos, que puede ser una mejor manera de enlazar a páginas externas.

Esto es en realidad una forma donde puede eludir las limitaciones de anuncios en resultados de búsqueda, se pueden utilizar estos títulos para acceder directamente a las páginas de destino o su sitio web.

Por supuesto, esto significa que también se puede desdibujar las líneas entre sus videos regulares y sus anuncios. Por ejemplo, podría utilizar un anuncio de vídeo en resultados de búsqueda que lleve a los visitantes a su canal y desde allí pueden ver el vídeo y luego ver algunos de sus otros videos que incluyen subtítulos y anotaciones con enlaces a sus páginas de destino o tiendas de comercio electrónico.

Capítulo 5

Técnicas Avanzadas

Capítulo 5: Técnicas Avanzadas

En este punto, es posible que ya esté preparado para tirarse de los pelos. Hemos cubierto una gran cantidad de cosas a hacer y todavía no hemos terminado de explicar los pros y contras de su campaña de anuncios de video o la totalidad de las varias opciones diferentes que existen para ellos. Hay que pensar acerca de AdWords, YouTube, ajustes de cuenta, tipos de anuncio de licitación, los destinos, y mucho más, todo lo cual se está poniendo muy complicado.

Y ahora vamos a golpear con las técnicas mas avanzadas que van desde una orientación más avanzada, a la de creación de miniaturas y la duración del vídeo ideal. Antes incluso hemos tocado en las mejores prácticas para hacer videos impresionantes con altos valores de producción.

No permita que todo esto le asuste. Suena como una gran cantidad de cosas a hacer, pero una vez que lo hace y es capaz de probarlo por si mismo, usted encontrara que en realidad es sorprendentemente fácil de entender. La primera y principal puesta en accion a continuación, para empezar, es sólo tomar acción y empezar a jugar con las diferentes características, usted sabe lo suficiente ahora para hacer eso. Establecer un presupuesto bajo y experimentar conducciendo algo de tráfico a su marca.

Una vez que haya hecho esto, prepárese una buena taza de café y vuelva aquí para algunas técnicas más avanzadas que puede utilizar para exprimir un poco más sus beneficios y el rendimiento de su campaña publicitaria.

Cómo elegir la duración de su video

La elección de una duración del video

Al crear su anuncio de vídeo, uno de los factores más importantes a considerar es el tiempo que desea que tenga.

El consenso general es que más corto tiende a ser mejor. Recuerde que usted paga por una visualizacion completa si sus visitantes duran más de 30 segundos, por lo que no hay beneficio en tratar de hacer sus videos aburridamente largos. La obtención de espectadores que se queden a ver hasta el final su vídeo le dará la mejor oportunidad de participar y de hacer una visualizacion que de lugar a una venta y las estadísticas muestran regularmente que los videos más cortos son los que tienen más probabilidad de ser observados hasta el final.

Otra consideración es que los videos más largos tienden a costar más. Ahora bien, esto puede venir como una sorpresa ya que se supone que las visualizaciones para calcularse es a través de licitación, pero todo tiene que ver con una nueva característica: "medida de la calidad" de Google.

Vera, Google no quiere que los anunciantes puedan arruinar su motor de búsqueda de vídeo o servicio mediante la creación de vídeos de spam que están mal hechos y la promoción de productos de baja calidad, sino que también no tiene tiempo para investigar manualmente cada anuncio que consigue subirse.

Como tal, la mejor estrategia que tiene Google para garantizar un cierto nivel de calidad es el uso de un algoritmo que intenta medir qué tan bueno es el contenido de su página. Para hacer esto, utiliza algo que se llama una "medida de calidad" que otorga una mejor calidad de contenido. Eso significa que usted será recompensado con más visionados y menor CPV si sus vídeos consiguen ser observados hasta el final y que también va a ser recompensado por los vídeos más cortos.

No hay ningún lugar en la documentación oficial que se indique explícitamente, sin embargo muchos vendedores digitales prominentes han ejecutado experimentos para comprobar la cantidad del costo de YouTube en anuncios en diferentes longitudes y los resultados han demostrado repetidamente que los videos más largos cuestan más.

Por otra parte, todavía hay algunos argumentos a favor de vídeos más largos. Una de ellas es que los videos más largos aún podrían poner a la gente mirando su marca por 30 segundos y por lo tanto se obtiene algún reconocimiento de su marca (esto es un punto clave a tener en cuenta, incluso si alguien se salta el vídeo, ¡todavía puede mostrar su marca, por que lo puso justo al principio!). Piense en esto, si un anuncio se reproduce y se observa que éste tiene 20 minutos de duración, entonces puede ser más propensos a dar al botón de saltar incluso si es lo contrario habrá tenido una oportunidad. Si su objetivo es ganar un poco de visibilidad de la marca y no le molesta los datos acerca de las conversiones directas, entonces esto puede ser una estrategia inteligente y eficaz.

Otra consideración es que se puede utilizar un vídeo más largo para desarrollar rápidamente una mayor confianza y un compromiso y demostrar valor real.

En otras palabras, en lugar de confiar en el visor de la búsqueda de su página y mirar a través de su contenido, puede golpear de inmediato con un video grande, el vídeo definitivo en el cual explicar un tema o proporcionar entretenimiento estelar que no cabría en un vídeo corto.

Una vez más, parte de esto descenderá de la experimentación y ajustes. Pruebe diferentes longitudes y mire sus métricas para ver los vídeos que están siendo vistos hasta el final, los que le están generando clicks y que generalmente están ofreciendo el mejor retorno de la inversión.

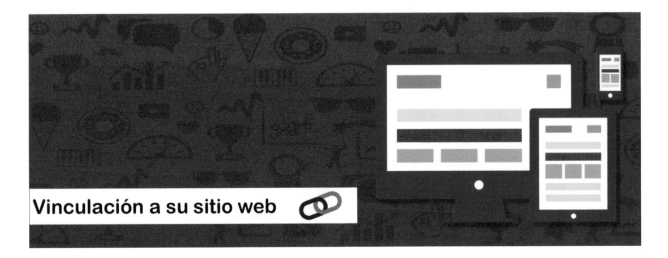

Vinculación a su sitio web

La vinculación a su sitio web

Como se ha mencionado, es posible vincular anuncios en resultados de búsqueda a cualquier página de su sitio web, como una página de destino o un enlace mediante el uso de subtítulos. También puede hacer esto con los otros videos en su canal y esto es una gran manera de atraer más tráfico a sus páginas de ventas y aumentar los beneficios. También tiene mucho sentido desde el punto de vista de contenido de marketing a largo plazo. En otras palabras, puede utilizar los anuncios de vídeo para promocionar su canal y ganar suscriptores y, a continuación, animar a la gente a comprarle a usted en sus videos regulares después de haber tenido la oportunidad de familiarizarse con su marca y el tipo de valor que es capaz de entregar de manera consistente.

Para hacer esto, sin embargo, es necesario asociar primero su sitio web con su cuenta de YouTube. Antes de hacer esto, usted no será capaz de enlazar con él, y esto significa que también no se puede vincular a otros sitios (como el uso de enlaces de afiliados directos).

Para enlazar su cuenta de YouTube a su sitio web, es necesario verificar en primer lugar su cuenta, lo que puede hacer por ir a https://www.youtube.com/verify

También es necesario asegurarse de que su cuenta está en buen estado, que significa que no debe haber incumplido cualquiera de los términos y condiciones de YouTube, que se refiere en particular a la utilización de imágenes de derechos de autor y de audio.

Ahora tiene que ir a "Configuración avanzada de canal" que puede encontrarse en: Creator Estudio> Canal> Opciones Avanzadas (por desgracia, nada es particularmente intuitivo con Google y se necesita una escarbar bastante para encontrar las cosas que necesitamos).

Ahora busque la sección "sitio web asociado" e introduzca su dirección URL. Ahora va a poner "pendiente". En el cuadro URL, haga clic en "verificar" y a continuación, será llevado a la consola de búsqueda. Aquí, es necesario asegurarse de que está conectado con la misma cuenta de Google y tendrá que seguir las instrucciones adicionales para añadir su sitio a la consola de búsqueda. A continuación, se le pedirá que elija un método de verificación, que en la mayoría de los casos, simplemente significar la adición de un fragmento de código a sus páginas que Google puede detectar posteriormente. Una vez que se haya completado la verificación, el estado pasará de pendiente a verificado y, a continuación, puede utilizar una anotación para llevar a sus visitantes en cualquier lugar de su URL.

Nota: Cuando un usuario hace click en su anotación, la reproducción se detendrá y esto tendrá un impacto en sus métricas en el reloj del tiempo.

Nota 2: Si quieres enlazar a otro destino, entonces siempre se puede poner el enlace en la descripción del video que aparecerá debajo del video. Esto significa, entonces, que podría en teoría poner un enlace directo a un producto de afiliado e incluso se puede mencionar en el video que el enlace esta "abajo" para llamar la atención sobre él. Hay un montón de opciones aquí.

Orientación avanzada

Segmentación avanzada

Intereses de los usuarios

Otra forma de estrategia es apuntar a un interés particular del usuario que es una opción relativamente nueva de Google. Esto le permite apuntar a la gente en lugar de apuntar a vídeos, por ejemplo, usted puede optar por buscar a las personas que ven un montón vídeos de deportes, que se mantienen al día con las noticias, o que aprenden con vídeos sobre tecnología.

En muchos sentidos, esta opción es realmente mejor que la orientación de los temas de los vídeos. Esto se debe a que la orientación a los intereses del usuario le permite ver más en el tiempo los patrones y comportamientos de los visitantes a largo plazo con el fin de obtener una mejor idea de lo que quieren y tal vez incluso algunas de sus estadísticas.

Mírelo de esta manera: es probable que haya visto videos de Taylor Swift en YouTube en algún momento de su vida, a pesar de que podría no ser el mayor fan de Taylor Swift. Si se te mostraran anuncios para el nuevo álbum de Britney en ese momento, entonces se habrá desperdiciado esos anuncios. Puede incluso haber estado en una fiesta, en cuyo caso no se habría visto los anuncios.

Por otro lado, sin embargo, si eres de los que siempre ve Youtube en la aplicación para teléfonos inteligentes, a continuación, incluso cuando vea un video de Taylor Swift como un hecho aislado, es posible que le mostrará el anuncio para el nuevo iPhone. Esto tiene mucho más sentido en la mayoría de los casos, y significa que los anuncios suelen ser aún más altamente orientados.

Incluso se puede tratar de conseguir una segmentación más alla, teniendo en cuenta cómo los intereses del usuario podrían reflejar datos como los gustos de los usuarios. Por ejemplo, si usted fuera una marca de venta de coches, entonces es posible que decida buscar a los espectadores que miran vídeos de sitios de estilo y lujo. ¿Por qué? Debido a esos datos nos sugieren que el espectador tiene un ingreso disponible más grande y por lo tanto puede ser más probable para una "venta grande" como un coche. Por el contrario, es posible que si buscamos a alguien que mira a sitios web de estilo y lujo y les mostramos vídeos sobre citas, aquí de nuevo podría haber algún cruce en los intereses de los posibles compradores.

Orientación de videos específicos

¿Sabías que también puede apuntar a un video de YouTube específico? Si ha encontrado el contenido creado por otro usuario que cree que está absolutamente perfectamente relacionado con su tema, entonces usted podría utilizar el video como un trampolín para apoyar a su marca y su campaña.

Todo lo que tiene que hacer es pegar la URL de ese vídeo en el campo "orientación de la ubicación".

El único riesgo aquí es que un solo vídeo, por supuesto, tiene significativamente menos tráfico que varios vídeos distintos repartidos por todo un tema. Otra vez sin embargo, todo esto depende de su estrategia. Si quiere que sea lo más centrada posible y para convertir en realidad un nicho muy específico, entonces se puede encontrar un vídeo que está siendo observado sólo por el tipo de persona que podría estar interesado en la compra de sus productos.

Remarketing de YouTube

El remarketing de YouTube

Google remarketing es otra técnica avanzada de orientación que puede ser utilizado con YouTube.

Básicamente, el remarketing significa que usted está mostrando anuncios a las personas que ya han mostrado interés en su contenido. Esto funciona mediante el almacenamiento de cookies en sus ordenadores, que más tarde YouTube puede utilizar para identificarlos a ellos a menos que borren las cookies de su sistema y asi tener datos de usuario de los usuarios.

Esto es muy bueno porque le permite evitar una vez más las personas que no tienen interés en su contenido y las opciones disponibles aquí son también muy variadas ya que le permite elegir a personas muy específicas a las que hacer publicidad.

Las opciones aquí incluyen:

- Los usuarios que han visto alguno de sus videos antes

- Los usuarios que han tomado una acción como hacer click

  o dejar un comentario

- Las personas que previamente han visto sus videos en un

  anuncio recomendado de personas que se han suscrito a

  su canal

Todas estas opciones son muy buenas y otra vez varían en cuanto a su alcance y cómo orientarlas. Al ir sólo para las personas que hecho click o comentaron, limitará de forma significativa el número de personas a las que sus anuncios están expuestos pero éstas son las personas clave y críticas, ya que han demostrado una voluntad de comprometerse con su contenido, realmente escuchan lo que está diciendo y siguen sus enlaces. Muestra mucho mayor compromiso y confianza si alguien realmente interactúa con su marca, frente simplemente a ver el vídeo, que incluso puede haber sido por error.

Obviamente también no hay nada que le impida el uso de múltiples estrategias de marketing diferentes a la vez para llegar a una amplia audiencia, pero muy específica. Por ejemplo, usted podría optar por usar el remarketing para las personas que les esta gustando su contenido, para poner sus anuncios en algunos vídeos específicos y para anunciar a las personas con intereses específicos.

Miniatura

Miniatura

La miniatura es otro elemento muy importante de sus campañas y sobre todo cuando se trata de anuncios en resultados de búsqueda. La miniatura es esencialmente la pequeña imagen que se mostrará cuando el vídeo aparezca en los resultados de búsqueda o videos sugeridos. Esto también es importante para su estrategia general de marketing de YouTube y para todos los otros videos en su cuenta.

El objetivo de la miniatura es llamar la atención y que se destaque entre otros videos. Al mismo tiempo, sin embargo, idealmente debe coincidir con cualquier otro video para que tenga una "sensación" consistente a través de todo el canal. Esto significa que es posible utilizar el mismo tipo de letra en todas las miniaturas, por ejemplo.

De cualquier manera, la imagen en miniatura ideal va a ser de 1280x720 (asegúrese de al menos usar esta relación para que no se recorte ninguna parte de la imagen) y debe ser diseñada para ser lo más llamativa y que se haga click tanto como sea posible. Por supuesto, nuestros videos tienen que ser más llamativos y que los usuarios puedan hacer más veces click que en otros videos. La gente, por ejemplo puede recordarnos mas facilmente y sobre todo si nuestras miniaturas se ven felices, exitosos o atractivas. Si el canal se refiere a la aptitud o culturismo, a continuación, una miniatura que ofrece un tipo de musculo sorprendente podría ser apropiada y cuantos más extravagantes sean, es cuando más se destacarán.

Capítulo 6

Creación de impresionantes anuncios
de vídeo de YouTube

Capítulo 6: Creación de impresionantes anuncios de vídeo de YouTube

Por supuesto, sin embargo, con el fin que su campaña de publicidad de YouTube sea un éxito, es necesario asegurarse de que usted tiene videos de alta calidad que comprenden el canal y los propios anuncios. No importa lo inteligente que sea con su optimización avanzada, su estrategia de oferta o de su orientación, sus vídeos deben ser de alta calidad, si usted va a hacer que la gente realmente los vea y tal vez compren sus productos.

Esta es la parte que puede llegar a asustar a una gran cantidad de vendedores potenciales, pero como veremos es perfectamente posible crear grandes videos sin necesidad de la ayuda de Steven Spielberg.

De hecho, si usted está preocupado acerca de la creación de vídeos que ofrecer frente a la cámara, puede en realidad todavía tener éxito sin tener que incluso tener una cámara. Pero vamos a llegar a esa opción en un poco...

El método convencional:
Creación de vídeos con una cámara

El método convencional: Creación de vídeos con una cámara

La mayoría de la gente va a querer crear sus propios videos de YouTube y esto va a significar salir delante de la cámara. Entonces, ¿cómo se puede hacer esto?

Hardware

El primer paso es, por supuesto, invertir en una cámara decente si se puede. Afortunadamente, la mayoría de las cámaras en estos días grabarán en al menos 1080p y no debería tener que gastar mucho dinero para conseguir una cámara que hace esto. Algunas otras características vale la pena analizar, si bien incluyen lentes de gran angular (que le permitirán incluir más contenido dentro de la imagen) y la opción de añadir un micrófono para un mejor sonido. Esta última característica es particularmente importante si su habitación tiene mala acústica y sus videos salen con eco.

Tenga en cuenta también, que una gran cantidad de pantallas de estos días son en realidad más altas que 1080p y esto sólo es una tendencia que continúa. Si desea probar el futuro de la tecnología y crear sus propios super vídeos, a continuación, podría valer la pena invertir en una cámara 2K o incluso 4K.

Ahora que está viendo como gastar una buena cantidad de dinero, sin embargo, por lo que una buena estrategia para muchos vendedores es en realidad para utilizar un teléfono movil con cámara. Lo creas o no, muchos teléfonos con cámara en realidad son grandes rivales de videocámaras dedicadas en estos días. La cámara es excelente en los teléfonos Galaxy S7 y Note4 por ejemplo, son realmente capaces de grabar 4K y tienen una excelente estabilización de vídeo y otras características.

En vista de que usted también consigue un teléfono con la compra de una de estas cámaras y se puede conseguir en un contrato mensual con ningún gasto por adelantado, esto es una gran manera de ahorrar dinero y administrar su flujo de efectivo como un empresario individual.

Software de edición de vídeo

Ahora que ya solucionó su hardware, pero a partir de ahí también tiene que conseguir un buen software. En este caso, eso significa un programa de edición de vídeo como Adobe Premier o Sony Vegas. Ahora por desgracia, ninguno de estos es barato por lo que mucha gente va a optar por utilizar **Windows Movie Maker** en su lugar. Movie Maker tiene serias carencias en términos de lo que es capaz de hacer y por lo que va a valer la pena la inversión adicional para la mayoría de las personas para obtener el software adecuado. Afortunadamente, se puede conseguir **Adobe Premier** por un mes gratis antes de tener que pagar y también hay descuentos significativos para estudiantes si por casualidad usted conoce a alguien dispuesto a compartir su dirección de correo electrónico de estudiante con usted!

Un buen software de edición de vídeo le permitirá añadir cosas como transiciones atractivas, capas de vídeo, efectos y más y hay algunas cosas que se pueden utilizar para mejorar realmente la apariencia de sus videos.

Edición

Al editar sus videos, la clave está en grabarse a sí mismo hablando durante más tiempo del que será el video, pero luego cortar y editar. Dése un montón de material de archivo para trabajar, y entonces no persistir en subir más videos, si desea mantener un impulso constante.

Añadir su logotipo en el video para que se vea más profesional y para darle un toque más profesional, cortar entre los planos de su discurso y otras imágenes con su voz narrándolas. Los videos que constan de una sola persona que habla en su dormitorio por lo general tienen baja calidad y, posiblemente, incluso pocas visualizaciones...

La adición de música de fondo puede ayudar a dejar su vídeo con un aspecto más profesional y al mismo tiempo llevar hasta la emoción justo como quiere para animar a una venta. Asegúrese de que cuando usted hace esto, que no silencie su propia voz y que no utiliza música que usted no posee permiso para hacerlo. Si usted no tiene ninguna música a mano, entonces una opción es considerar el uso de un sitio como Fiverr y encargar a alguien esa musica. De lo contrario, se puede usar la música de una banda musical si usted es integrante de la banda, o puede utilizar música que sea "libre de derechos", que significa que se puede utilizar sin pagar.

De cualquier manera, asegurándose de que su música no tiene derechos de autor le ayudará a evitar meterse en problemas y evitar la música libre disponible a través de YouTube ya que se ve poco profesional.

Prepararacion

Si usted va a estar al frente del vídeo, por supuesto, es importante que se mire al espejo. Esto no quiere decir que usted tiene que ser una super modelo, pero si quiere inspirar confianza entonces usted necesita hablar con fluidez y confianza y necesita estar bien vestido. Si no se encuentra en la pantalla como una presencia carismática, puede encontrar a alguien que lo haga. Puede perfeccionar sus habilidades de presentación, así filmandose a sí mismo e ir visionandolo y corrigiendo, un consejo general es intentar hablar más lentamente para evitar sonar nervioso o torpe con sus palabras.

También es importante la iluminación correcta e ideal, aquí es lo que se conoce como "iluminación de Rembrandt", donde la luz de a su rostro desde el lado con el fin de crear algunas sombras contrastantes. También debe buscar en la configuración de su telón de fondo un aspecto profesional y usted debe elegir un lugar con buena acústica, a menos que esté usando un micrófono.

Capítulo 7

El vídeo de ventas

Capítulo 7: El vídeo de ventas

A unque en la explicación anterior se mostró cómo crear un video más tradicional en el que se pone delante de la cámara y luego subirlo a su 'vlog' o vender su producto directamente, usted encontrará que muchos de los vendedores digitales en realidad no utilizan esta estrategia en todos los videos. En lugar de ello, una gran cantidad de vídeos de Youtube se basan en los vídeos que siguen un guión sencillo para delinear los beneficios del producto.

Estos pueden ser muy eficaces y no requieren necesariamente que se ponga delante de una cámara en absoluto.

Creación de vídeos sin cámara

Creación de vídeos sin una cámara

Pero si no le da miedo el trabajo duro, puede grabar videos sin una cámara.

Una opción es crear una presentación de diapositivas en PowerPoint y de hecho es posible simplemente guardarlo como un archivo de vídeo. Todo lo que necesita hacer es grabar su voz narrando el video, o añadir la voz de otra persona (se puede encontrar gente que hace la voz en off una vez más en Fiverr).

Otra opción es crear una animación. Esto podría ser una animación de pizarra, un dibujo animado o incluso una animación stop-motion. Una vez más, todos estos pueden crearse por uno mismo, utilizando un software especializado, o por la externalización a un profesional.

Haciendo Sus Anuncios Persuasivos

Cómo hacer sus Anuncios persuasivos

De cualquier manera, lo que es más importante es que el vídeo sea eficaz en atraer la atención, el mantener la atención y persuadir a los espectadores a hacer click a través de su sitio web, para suscribirse a su canal o para comprar su producto.

Hay varias cosas que puede hacer para lograr esto pero lo más importante es el guión y storyboard. Lo primero que el vídeo tiene que hacer es sorprender al usuario y dejarle con la intriga para que lo quieran seguir viendo. Si su anuncio está dirigido a un método más tradicional como la venta de un producto físico como un anuncio de televisión, entonces es posible hacer esto con una narrativa, nos encanta las historias y nos resulta difícil apartar la mirada. Esta historia debe captar la "propuesta de valor" de su producto, que muestra cómo mejora la vida de sus usuarios y transmitir lo que se siente al usarlo.

Haga esto de una manera eficiente y entretenida con la música adecuada y un fuerte llamado a la acción al final y usted tiene los ingredientes de un gran anuncio.

Por otra parte, se puede utilizar un enfoque más moderno de "marketing digital", que funciona como un guión que introduce poco a poco el producto, muestra lo que puede hacer por el espectador y luego les anima a comprar rápidamente. Una vez más, esto puede comenzar con una estructura narrativa ("Una vez luché terriblemente con el dinero / pérdida de peso") o se puede comenzar con la descripción de un problema específico que el espectador puede relacionar con ("¿Está cansado de hacer dietas que nunca parecen llevan a ninguna parte?").

De cualquier manera, su principal objetivo es dar a conocer un problema y luego mostrar la solución, osea su producto. Mientras tanto, es necesario demostrar la propuesta de valor de su producto y es de esperar encontrar una manera de hacerlo resonar emocionalmente con el espectador.

Al mismo tiempo, es necesario explicar con todo detalle cuál es su producto y esto puede seguir una estructura conocida como "AIDA": Atencion, Interés, Deseo, Acción.

Para impulsar realmente la última parte, el elemento crucial "acción", que necesita para asegurarse de que se cree la urgencia que puede significar en alusión a la escasez ("compre ahora hasta fin de existencias").

Capítulo 8

Conclusión, consejos y trucos

Capítulo 8: Conclusión, consejos y trucos

Y ahí lo tienen: todo lo que necesita saber para empezar a crear una campaña de publicidad en vídeo de YouTube altamente eficaz. Es mucho material pero una vez que lo ponga en práctica, encontrara que es fácil y en realidad bastante divertido aprenderlo mientras lo creamos.

Entonces, ¿Qué hacer a partir de aquí? Después de crear su cuenta, lo mejor que puede hacer es intentar crear un video simple que venda un producto mediante el uso de las personas en Fiverr para crear una animación de pizarra, o haciendo algo en Excel. A continuación, puede subir esto como un simple anuncio In-Stream y vincularlo a una página de ventas y vender su propio producto de información o un producto de afiliado. Esto muy rápidamente le enseñara los conceptos básicos de publicidad de YouTube y usted será capaz de aprender lo que funciona y cómo ponerse en marcha.

A partir de aquí, a continuación, puede ir sobre la construcción de su canal de YouTube mediante la adición de más contenido, la creación de su página y probar diferentes opciones avanzadas de orientación, etc.

Con el tiempo, usted encontrará que usted crece y que es capaz de aumentar el tráfico a su canal y tener más conversiones y ganancias.

Y al hacerlo, tenga en cuenta estos consejos para ayudarle a obtener más resultados de sus esfuerzos:

Branding consistente

Mantener su imagen de marca consistente a través de sus vídeos y a través de medios de comunicación social y el sitio web. La clave para ello es la creación de un gran logo y otra vez, vale la pena contratar a alguien para hacer esto si no está seguro de sus propias habilidades con ello.

Hacer sus videos publicos

Puede configurar sus anuncios como oculto para evitar que se muestra en las búsquedas pero no es realmente la mejor jugada. Tiene mucho más sentido dejar que la gente descubra su contenido y de esa manera puede ser visto por aun más gente.

Mire sus métricas

Mantener un ojo en su métrica es una forma para ver lo que funciona y lo que no. Mire sus analíticas estrechamente y ajuste sus videos y la orientación para el mejor resultado posible.

Coincida con su estrategia para su marca

No cree una marca y luego trate de comercializarla, cree un producto con una visión de cómo va a comercializar las cosas bien desde el principio. Esto significa la investigación de nichos, pensando en sus contactos actuales y por lo general viene con un plan sinérgico.

Y su video adecuado a su estrategia

Del mismo modo, asegúrese de que el vídeo es el adecuado para los fines previstos. Decidir qué tipo de anuncio de YouTube se toma antes de crear el video. Esto es importante ya que necesitará el vídeo de la longitud correcta para que sea seleccionable para cierto tipo de campaña publicitaria.

Ver la Competencia

Viendo la competencia de cerca es una gran manera de tener una idea de lo que funciona y por el ritmo de los buenos anuncios de vídeo.

Construya su canal

No piense en sus anuncios de YouTube y el canal como entidades separadas, construyalos juntos al mismo tiempo y uno va a apoyar al otro. Hay muchos, muchos más consejos, pero usted aprenderá éstos a medida que avanza. Tiempo para explorar y comenzar su viaje hacia la excelencia en la publicidad de YouTube.

Printed in Great Britain
by Amazon